저녁 잎사귀처럼 알게 될 때

저녁 잎사귀처럼 알게 될 때

이 운 진

소월책방

시인의 말

낯선 것을 낯선 것 그대로 견디고
외로움을 외로움 그대로 견뎌낸 날들.

나는 조금 부서졌을까, 조금 달라졌을까.

차례

시인의 말

제1부

포도잼　13
상강(霜降)　14
열 걸음　16
야상곡(夜想曲)　18
가을 편지　19
푸른 성운에서 보내는 안부　20
초록의 온기　22
마음 여행자　24
작약　26
저녁 잎사귀처럼 알게 될 때　28
비를 데리고 너에게 가서　30
꽃차　32
화분이 있는 방　34
어둠이라는 이 단어　36
소쇄원에서 쓰는 묵서　38

제2부

처서 무렵　43
앵강만　44
까치집　46
유고 시집을 받고　48
밀물과 썰물 사이에서　50
너의 반항이 옳다　52
가을 햇빛 속에는　54
미학적인 식사　56
나의 불의에 대하여　58
숯내가 나는 꽃밭　60
눈 속의 폐역(廢驛)에서　62
반성　64
내력(來歷)　66
나무와의 일박(一泊)　68
사실, 나는　70
하염없는 날　72

제3부

사랑의 우화 75
이팝나무의 저녁 76
달 여인숙 78
눈 안에 있는 사람 80
만년설(萬年雪) 81
억새꽃 사이에서 82
6월의 어느 날 저녁에 84
검은 자서전 86
4월 87
사랑이 흐른 뒤 88
돌무지 90
석모도, 석양 92
온통 모순 93
우리처럼 94
달콤한 어둠 95

제4부

묶인 새　99
엄마의 집　100
물속의 여자　102
그 후　104
맹렬한 여름　106
꿈속의 봄날　108
나를 쓰다　109
2년 8개월 30일 밤　110
그럴 수 있다면　112
늦은 바람 속에는　114
완경(完經)　116
옛 골목　117
늙은 호박 하나　118
가장 조용한 봄　120

발문(跋文)

김겸-피지 마, 부르지 마, 알지 마　122

제 1부

포도잼

 절반만 졸인 포도잼을 김치 통에 넣어 준 엄마. 팔순의 엄마가 처음 만든 포도잼에는 뭉개지지 않은 껍질이 많았다. 숟가락으로 골라내다가 긴 젓가락으로 집어내다가, 창가의 조각구름이 다 지나갈까 봐 커다란 냄비에 쏟아 붓고는 핸드 믹서기를 들고 주저 없이 갈았다. 이 뜨거움이 아니라면 어떻게 고집스런 열매를 녹여낼까. 이 불길이 아니라면 어떻게 다른 모습으로 만들까. 가스 불 앞에 서서 눅진해지는 포도잼을 저었다. 참 이상하게도 종종 연민은 또 다른 형태의 감옥 같다는 생각이 길어지지 못하게 포도잼은 자꾸 눌어붙었다.

 살면서 위로가 가장 간절했던 엄마가 밝은 슬픔의 색깔까지만 졸여놓은 포도잼. 그 잼을 어둠의 빛깔로 졸여 작은 유리병에 나누어 담았다.

 이게 사랑의 이야기로 들린다면,
 그럴 수도 있겠다.

상강(霜降)

가을 마지막 꽃의 창백한 빨강
그 붉음이 시드는 것을 보며
나의 열정이 가난과 슬픔이었던 때를 생각한다

사람의 등 뒤 어느 곳에서 홀로
별과 달이 고요히 하늘을 통과하는 밤에 홀로

착한 것과 아픈 것을 가르는 말에
얼마나 세게 주먹을 쥐었던가

서리가 내린 꽃에서 단꿀을 찾고 있는 나비처럼
아침은 또 얼마나 자주 난감했던가

엷은 햇빛이 꽃에서 꽃으로 건너가며
일찍 마른 암술대를 쓰다듬고
먼 하늘의 넓이를 알려주는 하루

이럴 땐, 시간보다 여백이
심장보다 눈이 더 무거워지는 건지

나도 그림자와 색깔을 섞어 나를 조금 잃는다

눈앞으로 마음 곁으로 왔다가 지는 꽃들
사람도 그렇게 다가오고 떠나는
이 계절이 끝나면
빨강은 맑은 그늘로 변할 것이다

어떤 별들보다 더 별같이
어떤 눈송이들보다 더 눈송이같이

열 걸음

너를 생각하고 열을 센다

열 걸음만
돌아보지 말자, 돌아보지 않는 거야

등 뒤의 허공에 내 이름이 가득 적혀도
바람이 네 향기를 데려와도
열 걸음만 멀어지면 되는 것

이 조그만 모퉁이를 돌아 나를 숨겨 놓고
아직도 하늘을 지나가는 중인 구름만 보는 것

고요히 서 있는 담장에
별을 닮은 꽃을 그리고 강물을 그리고
우리에게 어긋난 것은 길이 아니며
상처 깊도록 어긋난 것이 시간은 더욱 아니라고 적어둔다면

먼 훗날

네게 기도가 필요해지는 날에야 읽을 수 있을 것

초승달의 곡선 같은
열 걸음이 끝나면
날 부르지 마, 날 알지 마

아무런 형용사 없이
그냥 한 사람이 될 때까지
너를 생각하고 다시, 열을 센다

야상곡(夜想曲)

밤중에 깨어 꽃을 본다
조용히 외로운 것들은 안에 무언가를 머금고 있다

구름으로부터 가장 멀리 있는 말이나
거꾸로 잡은 칼 같은 마음 하나
다시 돌아오기를 기다리는 그 자리 같은 것들

하늘이 흔들리며 꽃이 피는 밤
살아내는 중인 것은 다 이렇게 아파 보일까

홀로 있는 그 꽃은 너무도 혼자인 듯해서
나는 아주 작은 유령처럼 서서
손을 잡아준다

내 몸이 끝나고 꽃의 몸이 시작되는 기분

심장이 밤하늘처럼 검어진다
그러나 얼마나 깨끗한 검정인지

가을 편지

그런 건 거짓말이지만
꽃잎에 와 닿는 새벽빛과
파란 하늘에
더 이상 당신이 없어요
비가 멈추고 강물이 멈추고 눈물이 멈춰
얕은 기억을 건너
나는 돌아왔어요
당신의 바깥으로 돌아왔어요
한 사람 옆의 한 사람이 아닌 것
그걸 안녕이라 부른다는데
햇빛이 남긴 흉터 같은 말이라서
딱 한 번만 말해요
그리고 침묵,
바람, 은행 잎, 숨결과 어둠
이런 식으로 가을이 지나가요
창백한 한 사람을 위해 가을이 짧아져요
그게 가을이 한 일이에요
삶의 가장 어여쁜 시간
그런 건 거짓말이지만

푸른 성운에서 보내는 안부

 여기는 우주에서 가장 추운 곳, 공간뿐만 아니라 시간도 바뀌고 네 눈빛이 전해지기까지 5천 광년이 걸리는 곳이야. 선회하는 별들과 에워싸는 어둠 속에서 나는 날마다 남쪽으로 더 멀리 떠오를 태양을 생각해.

 그 햇살 아래 있는 너. 잊는다고 생각하면 벌써부터 그리운 너.

 네 손가락들의 자리에 내 손가락을 놓으면 우리의 외로움은 참으로 정교했어. 그때부터였을까. 나는 이제 마음을 말로 가득 채우려하지 않아. 말은 감정을 단순하게 만들어 버리거든. 사랑해라는 말보다 내 어깨를 힘껏 움켜쥐던 손이 왜 하필 나에게 다가오기로 마음먹었는지 더 잘 알게 해 주잖아. 그건 그 어떤 최후의 판결보다 완벽하고 슬퍼.

 너를 닮은 구름, 나무, 눈송이와 새벽달, 꽃에 내려앉았다가 다시 날아오르는 흰 나비, 숨결에 맞춰진 파도 소리. 그리고 이미 만날 때부터 나와 함께 외로웠던 너. 이 모든 것이 평범해질 적당한 거리를 찾아 온 이곳. 눈부신

검은 하늘 아래,

　여기서 나는
　이별로 가고 있는 아픈 시간을 5천 광년쯤 미루는 중이야.

초록의 온기

나무들이 그늘 하나씩을 더 기록하는 여름 숲
초록이 강하고 내가 부드러운지
안에 머물러 있어야 할 것이 밖으로 쏟아진다

사랑이니 글이니
아무래도 상관없는 것들에 묶여 있던 나도

숲에서
새처럼 다람쥐처럼
이 초록을 진정으로 본다면
나쁜 사람이 될 순 없을 거라 믿는 중이다

누구를 위해 피는 것도 아니고
누구를 위해 지는 것도 아니라서
그 마음에 얼룩 하나 남지 않는
초록 잎사귀들

모두가 여기서 한때 살고 있음을
아무도 생각하지 못한 운율로 흔들리며 말한다

햇빛으로 만들어진 초록은 따뜻하고
사랑을 하는 나는 차가워
여름 숲에서 언 몸을 녹인다

마음 여행자

남겨지는 게 아니라
한 번쯤은 내가 먼저 떠나보고 싶어서

단단한 공기로 세운 벽들과
신의 숨결보다 길지 않은 계절을 벗어나고 싶어서

벚꽃 지는 저녁
눈을 감고
작은 꽃송이와 함께 가볍게 날아가면,

바람이 흘러갈 때 밤과 낮이 흘러가고
꽃잎이 부서질 때 너와 내가 부서지고

체온이 녹아 생이 되는 건지
사랑이 녹아 영혼을 덥히는 건지

허공을 받아들인 후에야 알게 되는 아름다움 때문에
우주의 아득한 두께도 두렵지 않다

눈빛이 다 식고
사람이 다 멀어지도록
마침내 내 심장이 별의 먼지와 같아질 때까지
외로움은 내가 떠다니는 바다일 테니

벚꽃 지는 저녁
세상이 잠시 멈춘 듯한 사이

무언가 영원히 나를 지나가버려도
그 무슨 작정이 필요 없다

작약

누군가를 사랑하는 것도
사랑한 사람을 잊는 것도 지칠 때
작약 곁에서 지냈다

이슬처럼 조용히 매달려
사람 대신 작약을 궁리해보려 했다

한 사람에게서 꽃 한 송이에게로
마음이 움직일 수 있는지
위로 흐르면서 맑아질 수 있는지 알고 싶었다

그리도 짧게 꽃 피는 시절
작약은 하늘의 별을 몇 개까지 보았기에
나날이 향기가 짙어지고
무게 없이도 흔들리지 않는 걸까
어둡고 확실한 저녁이 와도
바람을 내려놓지 않는 걸까

나는 꽃을 보며

말을 잃어가는 중이었지만

작약을 겪은 나는 이제 어떤 것인가
바깥의 사랑인가
사랑의 바깥인가

겨우 기억이 된, 아니면 그보다 더 나쁘게 된 사랑을
작약의 반대쪽
깊은 그늘 속에 묻고
며칠을 울었다

그런데
이 모든 운명에 전혀 이유가 없다니

저녁 잎사귀처럼 알게 될 때

사랑을 핑계 삼지 않으면
아무것도 설명할 수 없는 시절이 있었다

누군가 봄을 가지고 온대도
누군가 바람을 멈추어 준대도
믿을 수 있었던 때

햇빛을 향해 온몸을 세우는 꽃처럼
언제나 등줄기가 아팠던 그 모든 날

겨울엔 장미를 찾고
6월엔 눈사람을 걱정하며
시차가 다른 눈으로 살던
가슴이 식어
이제는
사랑이 다시 올까 두렵고 오지 않을까 두려워한다

하지만 내가 지나온
그 강물

그 나무
그 바람과 목소리들
푸른 녹 맛이 나는 눈물을 익히고

피고 지고 오고 가는 일 중
내가 바로 잡아야할 착각은 없다는 걸

어둠에 흔들리는
저녁 잎사귀처럼 알게 될 때,

사랑이었음을 잊어버린
이 외로움은 얼마나 더 안락해질까

슬픔이라 부르는 것 한 걸음 뒤에서
내 그림자의 한 걸음 뒤에서

비를 데리고 너에게 가서

이 밤
비는 오래오래 내린다

비와 나 사이의 어둠 한 겹
젖어들고 있는데

북쪽으로 난 너의 창이 막지 못할 폭우
내게 필요한 만큼의 울음으로

비를 데리고 너에게 가서
비처럼 한바탕 쏟아지고 싶다

만약 비속에 멍울이 있다면 그건 나이고
만약 비속에 아늑함이 있다면 그것도 나라는 걸
알 때까지

비를 데리고 너에게 가서
가장 큰 빗방울로 떨어지고 싶은

서러운 이 밤

어둠은 너무 젖어 있고
아침은 너무 느린데

여기 빗소리 깊어진다

꽃차

눈 예보가 있는 밤
눈을 기다리며 꽃을 우려낸다

오래전에 가벼워진 것들의 침묵이 물에 녹아나온다

간절한 편지를 썼다가 찢어버린 적이 있는 사람이라면
한 방울의 뜨거움에
꽃잎이 다시 펼쳐지는 일을
열락이라고만 부르지 못할 것이다

아른아른 흔들리는 저 여린 꽃잎이
기억하는 햇살과 바람을
향기라고만 할 수도 없는 것이다

일생을 바쳐
무아(無我)를 얻는 운명도 있으니
물색을 두른 이 꽃은 전보다 순해진 다른 꽃이겠구나

언제나 무슨 일도 없이 격렬한 나는

느리게 피는 꽃의 시간에 맥박을 맞춰 놓고
눈길로 어루만진다

한 장 한 장
꽃이 열릴수록 적막이 깊어진다
먼 하늘에서는 순결한 것들이 만들어진다

화분이 있는 방

그 방에 내가 모르는 화분 하나가 있었다

어떤 약속을 심어
햇살 아래 두었는지
첫 하룻밤을 함께 한 뒤
어떤 꽃을 피웠는지
알지 못하지만

누군가의 따뜻한 옆구리처럼
볼록하게 흙을 담고 있는
작은 화분

때로는 바람에 눈멀고
때로는 눈송이에 말 잃으며
애써 살고 난 뒤에 남은
몸짓들 표정들과 목소리
화분은 기억할까

밤이 올 때 우는 사람 하나

그 방에 살다 떠났으나

우연히라도 돌아와
마지막 상처를 찾아가려나

다른 사람을 두지 않으려고
슬픔이 화분에 온통 남아 있다

어둠이라는 이 단어

이 어둠은 저항하기에는 너무 친밀한 어둠이야

어둠속의 파랑을 검정보다 더 검어 보이게 하는
어둠속의 눈물을 미소보다 더 환하게 하는
그런 어둠이지

언젠가 너는 내게
어디까지 홀로 되려고 어둠속만 바라보냐고 물었지만

어둠 말고 다른 곳이 있었더라도
내 속의 비릿한 것들
밝고 가벼워졌을까

아무리 멀리 떠돌아도
내 무덤은 네 가슴이라는 사실처럼 분명한 어둠
너는 말하고 나는 슬퍼지는 어둠을
무엇으로 바꿀 수 있을까

외로운 이들은 자신의 마음속에서조차

어두운 구석에 서 있는 이 세상에서

내 가짜들이 필요 없는 이 어둠
칼과 눈물이 똑같은 그런 어둠

나를 품는 다정한 어둠속에서
조용히, 완전히
다시 한 번 다른 방식으로
너의 것이 되고 내가 되고 싶어

소쇄원에서 쓰는 묵서

슬픔을 미루다 미루다 울고 싶어 나선 길
소쇄원에 닿았다

생의 처음도 아닌데 처음 같은 마음이 드는 건 고요 때문이겠지만
물소리도 그저 바라보고만 싶은 곳
별당 마루에서 긴 숨을 내쉰다

세상의 환(幻)속에서 이 삶을 다 살아버리게 될까 두려워
나는 입술이 터지고 몸을 앓았으니
대나무 소나무 느티나무 단풍나무
꺼져가는 햇볕 냄새도 모두 약이 되는가

시간의 가장자리 같은 이곳에서
꽃처럼 한 철을 살고 나면
나는 사랑을 이해하고 사람을 잊을까

생각해보면 내 심장은 늘 생활에서보다 사람에게 허약

했던 것
  그러니 어떻게 저항이 나올 수 있었겠는가

어디서부터 허공이 시작됐는지
어디에서 마음이 끝났는지 알 수 없는 시절

삼십 년 만에 다시 옛 사람의 정원에 앉아
사랑으로부터 나를 빼내줄 말을 찾는다

제 2부

처서 무렵

꽃잎 하나 떨어져 물 위에 내려앉는다
꽃송이 하나 떨어져 물속에 가라앉는다

어른거리는 물그림자

이것으로 충분하다는 걸 나무는 안다

앵강만

오늘밤 비가 온다면
나는 여기서 잃어버리겠다
나에게 남겨진 눈빛 하나를,
그리고 아무 일도 없었던 것처럼
그냥 바다를 생각하겠다

어디 먼 곳에서
네가 노래 한 곡을 부르면
나는 여기서 울겠으나
그것도 아무 일이 아니라는 걸
그냥 바다처럼 생각하겠다

바람 이쪽 편에서
하늘 저쪽 편까지

어둠 속에서도 보이는 얼굴
이 마지막 애착을 놓아버리면
나도 다시, 무사히
마음의 형태를 갖게 될 거라고

말해주는 바다

오늘밤 순전히 이 바다가 있어준다면
허무만이 다독일 수 있는 나도
조금은 따뜻하겠다
사랑과 나 사이에 바다가 있어준다면

까치집

창밖 나무에 까치 한 마리가 날아들어 집을 짓기 시작했다
몇날 며칠 아침저녁으로 분주하더니
벽이 서고 단칸방 하나 생기는 듯했다

한낮과 한밤 사이
눈길은 몇 번이나 그리로만 향했는데
어느 하루 문득 찾아왔듯
꽃 지는 날 말없이 사라졌다

사는 동안 어느 한 곳에 적응해 본 적 없던 녀석이었나
계획했던 삶이 어긋났나

저녁과 함께 바람과 함께
늦게라도 돌아올 새 한 마리를 위해 무엇을 아껴둬야 할까

짓다 만 까치집 한 채
허공에서 하염없이 흔들리고

계절은 그 빈 집을 통과해 온다

유고 시집을 받고

생전에 만난 적이 없는 시인의 유고 시집이 왔다

예고 없이
죽음을 배달 받은 날
햇살은 꽃봉오리를 비추고 있었다

한 장 한 장 붉은 꽃잎을 펼치느라
햇볕은 몸이 뜨거웠고
나는 미래시제로 가득한 시인의 약속들을 읽으며 가슴이 식어갔다

이제 더는 덧붙이지 못할 말들
끝내 말해지지 않을 비밀들
아직 시작하지 못한 고백도 끝난 것이 되어 있는
시집 한 권

아침은 얼마나 절망하는지
별은 얼마나 헛되이 아름다운지
그래도 삶을 사랑한다는 낡은 말이

혁명 선언서처럼 힘차게 읽힌다

어제, 피와 눈물이었던 것
겨우 한 구절이 되고
오늘, 감옥과 그늘이었던 것
단지 행간이 될 뿐이라도

언제든 내 소식도 이렇게
너에게 아무 탈 없는 슬픔이 되었으면

무심히 꽃송이를 여는 꽃나무 곁에서
꽃이 완성으로 다가가는 것을 보다가

만난 적 없는 시인의 마지막 눈빛과 마주칠 때
나는 이미 꽃향기에 항복한 사람이 되어야 했다

밀물과 썰물 사이에서

오래전부터 내 불행을 빌어 온 사람이 있는가
슬픔이 밀물과 썰물처럼 쉼 없이 오간다

바다 위 첫 햇빛 비쳐도
너는 마치 꽃 한 송이처럼 대답이 없는데

한 줌의 점토 같은 심장을 멈추게 한 신은
밀물과 썰물 사이
왜 아름다움을 만드는가

흰 눈과 비밀스런 밤과 사랑
이런 게 다 아무 소용 없어졌는데

또 다시 파도가 돌아온들 무엇이 달라질까

언제나 그랬듯이 밀물
언제나 그랬듯이 썰물

슬픔으로 다져진 심장이

간신히 믿을 수 있는 거라곤
망각은 모든 걸 견딜 만하게 해준다는 것

오래전부터 내 삶을 빌려간 사람만
오지도 가지도 않는데

언제나 그랬듯이
밀물은 썰물에게
썰물은 밀물에게 깊이 들어가 있다

너의 반항이 옳다

 지인의 사무실에서 심지가 있어 보이는 뱅갈고무나무를 데려왔다
 긴 나날 구석에 있던 나무를 씻기고 새 흙을 덮어
 햇볕 반 그늘 반인 곳에 자리를 잡아주었으나
 몇 날 몇 달, 나무는 죽지도 자라지도 않는 고집으로 버티고 있었다

 나는 나대로 꿈꾸던 바가 있었으니
 울적한 날에 키다리 외목대의 모습을 상상하며 가위질을 했다
 내 속의 어둠처럼 잘라낸 잎들을 버리고 빙긋이 웃었다

 튼튼한 기둥이 되기를
 곁가지는 꼭 이쯤에서 나와서 균형미를 가지기를
 나무 곁에서 자주 얘기해 주었다

 그러나 다시 몇 계절
 도망갈 수도, 눈에 보이는 것을 감당할 수도 없는 나무는

자라지도 죽지도 않은 자세로 심지를 내 보였다

그것은 바로 내가 사는 자세와도 같다는 걸 알아본 날

너의 슬픔이 옳았다
너의 반항이 옳았다

가을 햇빛 속에는

가을 햇빛 속에는
인생 전체를 이해할 것도 같은
그런 순간이 있다

피와 살이 닿은 그 하루가 흔들려서
남은 날이 모두 흔들리고 있는
내 생의 가을
햇빛 속에서는
당신과 그늘을 구별할 수도 있을 듯하고

한 순간 은행잎이 쏟아져 내리면
그 찬란함이 공허라는 것을 알겠다

눈으로는 길들일 수 없는 것들
이 가을 햇빛 속에
다 내어놓고

내가 나에게 남은 유일한 것이 되어도 좋은 날

눈이 물웅덩이처럼 파래진다

미학적인 식사

어스름이 내리는 시간
새는 나뭇가지에서 나는 자목련나무 벤치에서
저녁밥을 걱정하고 있었다

수령(樹齡) 높은 꽃나무 향기에는 혼이 섞였는지 피가 진해지는 기분이었다
꽃잎이든 눈물이든 떨어지는 것은 모두 돌덩이 같은 무게를 가져서
매달린다고 떨어지지 않는 게 아니었다

나무가 일구어내는 그늘은 아는 사람의 등처럼 따듯했다가 서늘해지고
저 짙어지는 그늘이 내 아픈 몸에 관여하지 않는다는 것을 알지만,

어제는 전부였다가 오늘은 아무것도 아닌 그리움도 그렇고
사는 것만으로는 부족한 마음이라고 괜히 무어라도 탓하려는

그 사이

직박구리는 자목련 한 송이를 천천히 다 먹고 조촐한 몸짓으로 앉아 있었다

멀리 일몰이 무르익었다

나의 불의에 대하여

개가 짖었다
경비 아저씨의 벗어놓은 구두 안에 따뜻한 똥 한 무더기를 싸놓은
개가 맞았다
말하자면 맞을 짓을 한 놈이 맞은 것일 터인데
개가 짖는 순간 맞은 놈과 때린 자의 진실은 뒤바뀌어
잘난 개가 바짓가랑이 물어뜯는 것을 본다

식고 있는 개똥보다 측은한 진실 앞에서
개가 짖을 때
개가 바짓가랑이를 물어뜯을 때
앵두꽃보다 빈약한 나의 신념은 어쩔 것인가

몇 번의 계절이 지나도
개똥 냄새를 맡을 때면
맥락 없이 떠오르는 유명한 책의 한 구절,
정의란 무엇인가는
사라진 나라의 알 수 없는 단어처럼 공허하게 울린다

가슴의 안까지 들이닥친 개 짖는 소리
멈추지 않는데도

오직 한없이 단조로운 날에야
몇 페이지의 허영에 지루해진 다음에야
나는 알아보지도 못할 개를 향해 헛발질을 한다

숯내가 나는 꽃밭

때 없이 꽃 타는 냄새에 홀려
꽃밭에 든 날
나는 내 시를 태우고 싶어졌다

가진 거라곤
햇빛도 봉합하지 못하는
이 자유로운 상처뿐인 문장들

부끄러워지는 게 싫어서
간절하게 가혹하게
붉게만 쓴 마음들
활활 사르고 싶었다

세상은 세상의 문법으로 움직이고
그 속에서
나는 얼마나 만신창이인지

아무도 읽어주지 않는 난파(難破)에서
나는 언제까지 살아남을지

그럴 때조차도
무상한 것들에 대한 경외를 쓰던 손은 또 어떻게 숨길까

쓴 물 하나 없는 꽃잎이 타는 냄새 같은 거
내 시에 허락되지 않아도

서로를 얼마나 그리워했는지 알 수 있는
마음의 숯내는 꽃밭을 채울지도 모르니

내 시를 태운 재로 나는 다시 쓴다

눈 속의 폐역(廢驛)에서

기다리는 자를 위한 빈 의자도 없고
슬퍼하는 자들을 위한 빈 구석도 없는

이 풍경은
어김없는 그때 당신의 뒷모습이다

그 겨울의 북쪽처럼
밤새도록 적막함이 되어준 당신의 가슴속이다

어디쯤에서 당신이 내리고 기차는 멈췄을까
끊어진 길이 당신의 마음이라면 이렇게 곧게 있을 수 있을까

한 사람의 사랑이 되는 일은
백 가지 추억으로 만들어진 하나의 상처임을
오래된 폐역에서 알아간다

잊혀진 이곳까지 눈송이가 오는 것이
내 잘못도 아닌데

눈송이가 쌓이는 것이
당신의 다정 때문도 아닌데
평소보다 더 용기를 내서 눈을 맞다가

눈이 온 만큼 발이 묻히고
나는 또 제 멋대로 허무해져서

폐역의 어둠 속에
당신의 감정 몇 개를 함부로 사랑이라는 말로 쓰고 만다

반성

내 조그만 잉크병 속에
나를 빠뜨려 그것을 찍어 시를 쓴다

다른 생에서는 해본 적 없는 사랑이라고
운명의 더 많은 나쁜 이유들이 있다고
부풀려보지만

첫줄로 끝나는 시
연애처럼 다급한 시
공들여 쓴 진부한 시들, 앞에서

쓰디쓴 꽃잎 한 장을 씹어 삼킨 기분이 된다

어떤 단어가 말할 수 있을까
나는 나에게 무슨 의미인지
누군가를 덮치는
칼이 되거나 눈사태가 되지 않으려면
어떤 문장을 찾아야 하는지

심장이 해변처럼 씻고 씻기면
나도 물빛 같은 구절을 쓰게 될까

검은 잉크병 속에서
울음이 명랑해지기만을 기다리고 있다

내력(來歷)

밤하늘의 별을 이어 곰과 처녀를 그리던 사람들과

아름다운 글 한 줄 쓰지 않고도 아름다운 사람들이 살다가 가고

구름 같은 아랫도리를 가졌던 이들은

숲의 나뭇잎 아래, 강바닥 돌멩이 밑에, 사막의 신기루 속 적막이 되고

그 모든 결별과 그 모든 불가능을 견뎠던 가슴도 식어 입술 위의 말들은 바람이 되었다

아무 일도 없는 듯 하늘은 별자리 몇 개를 바꾸고 긴 꼬리를 달아 어둠 속으로 보내고

빈 칸 같은 영혼을 채우려는 사람들은 전설을 믿는다

석양보다 더 서쪽으로는 가보지 못했지만 우리가 달보다 먼 곳에서 왔다는 이야기는 얼마나 애틋한가

아무래도 나는 고독을 아는 종족이다

나무와의 일박(一泊)

저 멀리 동쪽 어딘가
모든 것이 지나가고 아무것도 오지 않는 자리를 고요히 견디는
사백 살 나무에게 갔다

손이 베일 듯한 초승달 아래
우묵한 나무의 품에 드니
사백 번째의 나뭇잎 냄새
온 몸을 적신다

평생 한 사람에게 일어나는 일들
고작 그것들로 생떼를 부리던 내가
나이테의 무늬에 대해서랄까
나뭇잎의 두께랄까 하는 것은
도무지 물을 수가 없어서

다만
믿으려 애쓴 것들
사랑이나 사람은 그대로 놓아주기로

아프게 했던 것들
사람이나 사랑은 아주 잃어버리기로만
어렵게 다짐을 하고

어떤 순종의 증거도 볼 수 없는 늙은 나무에
내 작고 저릿저릿한 몸을 붙인 채
긴 하룻밤을 자고 왔다

사실, 나는

푸코 들뢰즈 데리다 하이데거
사실, 나는
이들을 모른다

어치 제라늄 범고래 버마재비 만큼도 모르는데

푸코니 부르디외니 하는 자들에 대해
떠들고 싶어 하는 이들을 알아서
밤새 책을 읽었다

그러나 내가 알던 삶보다 더 어려운 말들
아무리 읽어도
내 영혼이 예전보다 더 안전해지는 것 같지 않았는데

제라늄 꽃잎 다섯 장을 넘기면서

그때 아무 이유 없이 날 사랑하던 사람들
그들을 알아야 했음을
온 몸으로 배웠다

사실,
내가 가진 아름다운 것은 모두
그들에게 빚진 것이니까

하염없는 날

오늘 하루 내가 바라는 건
먼지 구름 까치집 엉경퀴 푸른 하늘
아무것도 아닌 것들만 잔뜩 바라보는 일이다

압생트 한 잔을 놓고 구부정하게 앉아 있던 화가처럼
가장 가까운 나무 한 그루의 색을 바꿔주는 것

결국 그 말이 아무 의미도 아닌 것처럼
결국 그 손길이 허공인 것처럼
가벼움을 가지는 것

내가 정말 원하는 건
개 한 마리가 짖는 소리에도
앞서 간 네 마음을 따라잡지 않은 채
조금 더 오래 앉아 있는 것뿐이다

제 3부

사랑의 우화

너는 바람이 아니다
그런데 꽃잎이 흔들린다
너는 힘이 아니다
그런데 꽃대가 기울어진다
갓 핀 꽃처럼
가장 무모했던 내가 그랬으나

그렇게까지
나에게 꼭 매달려 본 일
한 번도 없었다

이팝나무의 저녁

남김없이 꽃망울이 터진 이팝나무

햇살도 나무의 어둠이 되어가고
바람도 나무의 숨결이 되는 어스름

내일 잃게 될
저 부드럽고 하얀 꽃잎들 어쩌나

이토록 부드럽고 하얀 것이
부드럽고 하얗게 남지 못하는 봄날

이 텅 빈 공간을 마지막으로 껴안고
남김없이 흩어질 꽃잎들 어쩌나

이팝나무 꽃그늘에 숨어
나무 대신 조금 울며 생각한다

내게도 내가 모르는
잃어버린 내 사랑이 있는가

그래서 세상의 일에 몰두하는 것이 이토록 허무한가
수천수만 번 허무할 뿐인가

머무르는 것만이 사랑인 건 아니라지만
너무 환한 봄날을 혼자 다 어쩌나

달 여인숙

밤의 길이가 달라도
우리 거기서 만나
달에서 만나자는 말은 쓸쓸하지만 영원 같잖아

내가 있는 곳으로부터 얼마나 멀리 있든
그럼에도 여전히 너여서
달의 지도를 펼쳐 놓고 걸음을 세어 봐

지붕 위의
하늘 위의
어둠 위의 어둠과 어둠을 지나
거기, 달 여인숙

밤에 우리 영혼은
끈을 다 풀고
벚꽃 같은 숨을 쉴 거야

단 한 명의 나와 단 한 명의 너
우리가 자고 난

달의 아침은 어떻게 밝아올까
궁금하지 않니

남겨진 슬픔이 달라도
우리 거기서 만나
다음 생의 오늘

눈 안에 있는 사람

 밤이면 부질없이 너의 얼굴을 그린다. 밤나팔꽃이 피는 어둠속에서 길쭉한 동그라미를 그리고 손으로 자리를 짚어본다. 눈동자는 이쯤일까 꽉 다문 입은 이만큼 아래일까. 네 얼굴은 바라봐야 하는 것이 아니라 들여다봐야 하는 것인지 눈과 입 사이 텅 빈 공간이 점점 넓어진다. 나는 그토록 너였는데 네 얼굴을 그려도 그려도 네가 아니고, 아무도 그보다 더 외롭지 못했던 네 눈빛이 아니다. 손으로 그릴수록 너는 낯설고 망각처럼 검어질 뿐. 너는 더욱 부재한다. 결국 나는 눈을 감고 눈꺼풀 안에서 긴 곡선의 네 얼굴을 본다. 너를 보려고 매번 눈을 감는다.

 사랑받는 일은 생각보다 시간이 더 걸렸고 잊는 일은 사랑받는 일보다 더 힘이 들었다. 검붉은 아주 검붉은 별빛만 꽃이파리 사이로 흘러가는 이상한 밤.

만년설(萬年雪)

빙하 속 눈송이 하나가 녹는 동안
꼭 그만큼만

얼음의 안쪽 벽에 적힌
바람의 점자를 읽을 수 있을
그때까지만

있어줘

어디를 찔러도
눈처럼 흰 슬픔은 익숙하고
탁한 햇살은 위태로우니까

다음 생에서도 내 몸이 되려는 너의 기억
다 지울 때까지

하얗게 있어줘

억새꽃 사이에서

나를 지나간 뜨거움은 무엇이 되었나

안으면 나를 다 긁히게 될 그것을
끌어안고 있었던 긴 세월

이토록 환하게 펼쳐진 이 억새꽃들이
대답이고 흔적이면 좋겠네

마음을 둘러싼 거짓이란 도대체 몇 겹인지
내가 아닌 다른 누군가가 내 안에서 울지만

마지막에 닿아도
나 처음은 잊지 않을 테니

바람에 흐르고 흘러 놓여나는
하얀 꽃들처럼
비명 없이 날아가길 바라네

내가 마땅히 돌아가야 할 곳으로

나를 돌아가게 해 주는
시간과 함께

6월의 어느 날 저녁에

이 저녁
그 무엇이
당신의 손보다 더 거룩하겠는가

여명과 자정이 하나로 합쳐진 듯한
서쪽을 바라보며
토성의 고리만큼 크고 아름다운 약속을 하던
저녁

당신은 내 손을 잡고 놓지 않았다
한 줌의 바다 같아서
나도 그 손을 놓을 수가 없었다

당신의 오른손과 나의 왼손이
오른손의 고독과 왼손의 눈물이
시간의 바깥을 떠돌던 때

어떤 식으로든 금지된
당신을 알게 되면 세상의 무엇을 알게 될지

영원을 믿게 될지
아무것도 궁금하지 않았다

바람이 건드리지도 못하고
시간이 건드리지도 못하는

6월의 그 저녁에
내 심장은 한 박자를 놓치고 말았다

검은 자서전

무슨 순수로 사랑에 대해 말하지?

비명을 지르지 않고
나에 대해 어떻게 말하지?

아침이 밤으로 보이는 내게
자정은 얼마나 깊은지

그 다음 공허에 대해서는
마지막 어둠에 대해서는
뭐라고 쓰지?

4월

벌써 목련이 지네
아직 마음 한 장 뜯어내지 못했는데

휘영한 그늘 속으로
목련이 지네

보고 싶다 말하면 죄가 될 것 같은 날
사랑하기 나쁜 날은 잊기에도 나쁜 날

잘못은 바람에게 있는 것도 아니고
꽃나무에게 있는 것도 아닌데

낙화의 무질서보다 난해한 인연을 어떻게 하겠나

오직 당신과 내 인생의 그 시절에만 나눌 수 있던
아름다운 비밀이
아득히 지고 있네

사랑이 흐른 뒤

사랑보다 사랑의 기억이 더 아름다워서

햇빛 가득한 그때 같은 아침을
바람이 노래하던 그때 같은 저녁을
단단히 묶어버린다

더해지지도 바뀌지도
빼앗기지도 잃지도 않도록
서로의 모서리가 닿았던 자리마다 봉인을 한다

나의 낙담과 당신의 냉소는
해변을 잠식하는 파도처럼 흩어지고

남은 기억들은 오래오래
사랑을 아름답게 감당할 수 있을 테니

희미한 웃음 혹은 다가오던 발소리까지
영원히 붙잡아 둔다

강물속의 별을 함께 본
그 사랑보다 사랑의 기억이
최후의 내용이라서

나는 당신을 안고 닫힌 채
기억 사이에 숨어 가만히 가만히 늙는다

돌무지

나를 외롭게 하는 사람을 사랑한 적이 있어서
내 가슴에는 심장이 없다
눈물을 담고 굳은 돌덩이가 있을 뿐

정말로 사람을 사랑하면
마음의 밖에서 온 것들이
마음 안에서 돌이 되어 쌓이는가

남겨둔 말 같은 돌
한 번 구를 때마다
더 멀어지고 더 낯설어지는 돌 같은 눈길
숨, 기억, 갈망이 식은 돌들

그 어느 돌을 들어 올려도
너 아닌 것이 없어서

이 생애의 모든 오후에
나는 돌을 나르고 또 나른다

운명이 무의미해질 때까지
신전이 세워질 때까지

석모도, 석양

내가 단 한 번도 말하지 않은 이름으로
붉게 물드는
하늘과 바다 사이

구름 속에 무덤을 가진
새들이 난다

사랑 때문에 죽을 수 있는
그 시절처럼

붉은 것 속에서 더 붉게 어두워진다

온통 모순

사랑은 사랑에게 감옥이라서

나는 너로 인해 사랑이 아프고
너는 나로 인해 사랑이 지겨운가

사랑은 유리와 같아서
투명하거나 깨지고

한밤의 총성처럼
어떤 것도 안전하지가 않다,

무엇보다 우리 사랑이 그럴 때

너는 거짓말을 두고 떠나기로 결정하고
나는 거짓말처럼 살아가기로 결정하는가

사랑은 사랑에게 가장 밝은 상처라서

우리처럼

지금 행복한 저들도 언젠가는
넓은 하늘 아래서 각각
똑같은 햇빛을 보고 눈부셔하는
그 정도의 사이가 될지도

바람에 흔들린 것 말고는
아무 일도 없었는데
떨어진 꽃처럼
슬픔으로만 만들어질 수 있는 표정이 될지도

그러다
외로워질 테지

딱 우리처럼

달콤한 어둠

해안의 막다른 길과 수평선 그것은 어둠
꽃의 흔들림 그것은 어둠
젖은 눈길 그것은 바로 어둠
내가 만진 손과 지친 얼굴, 내 입술이 닿은 사람
그것은 모두 어둠
하나뿐인 어둠

제 4부

묶인 새[*]

별이 떨어지면, 아파오는 그 몸
하늘이 붉어지면, 부풀어 오르는 그 몸

갇힌 채 잊힌 너를

추락이 가능한 높이까지
날아가게 하고 싶다

너는 은밀한 방식으로 나와 같아서

---

[*] 이중섭의 작품명

엄마의 집

한 여자가 벽을 세운다

하얗고 불안한 새벽마다
흠집 하나 없는 벽을 겹겹이 세운다

무엇이든 깨진 것은 칼날이 되는 법
깨진 기억을 주워 담으며
슬픔 한 다발의 묶음인 여자가 나를 본다

낙엽만큼의 내일도 없고
바람에 찢긴 꽃잎만큼의 힘도 없는 여자
이생에서 가장 약하고 가장 빨리 늙기로 작정한 여자가
나를 불러놓고

저무는 산 그림자보다 긴 눈빛으로
시작도 없고 끝도 없는 이야기를 한다

여자에게 남은 모든 날들
오늘은 모두 어제이고

오늘은 이미 내일이 되어
벽 속에 쌓이는 동안

울먹임이 여자와 나를 묶어
숨과 몸이 뒤섞이면
봄꽃을 아무리 끌어안아도 피가 식는다

저 멀리
내가 한 번도 맘껏 살아본 적 없는 집
단 한 번도 제대로 떠나본 적 없는 집이
세상의 제일 끝에 있다

물속의 여자

물속에서 나는
아무것도 견디지 않아도 괜찮았다

물속에서 보는 하늘은 또 다른 물속 같고
반나절의 거리만큼 서쪽으로 흘러가도 좋았다

안쪽만 읽는 습관이 들어
물결을 걷어내고 걷어내며
눈빛이 다시 분명하게 이해되도록
심장이 다시 열리도록
기억을 자꾸 읽지만

물속의 나는
내가 물고기인지 바람인지 깨진 거울인지를 알지 못한다

너로 인해 나도 단 한 번 아름다웠다는데
이 기억은 진짜인지
눈물 한 방울 떨어져 물이 되어 나를 감싼다

그 물속에서 나는
물맛이 들고 물 향기가 배어
늙어가지 않고 점점 모르는 여자가 되어 간다

같은 숨, 그러나 다른 말
물속에서만 할 수 있는 말만 남아

맑은 한 밤
단단한 물속의 나는 울지 않는다
더 울 필요가 없었다

그 후

네가 떠나간 다음의 첫날
똑같이 아침이 오고
똑같이 버스를 기다리고
변함없는 속도로 지구가 돈다

나무는 푸르렀고
구름이 흘러갔고
땅거미가 지고

내가 간절히 마음을 모아 불러낸 것처럼
달이 뜨면

네가 떠나간 다음의 첫 하루가
똑같이 저문다

무사해서 서럽고
똑같아서 슬픈
나 혼자만의 아무 날

네가 떠나고 나는 생존자가 되었다

맹렬한 여름

나무가 자란다
풀이 쑥쑥 자란다
온몸으로 숨을 쉰다

지금 살아있기 위해 나는 너를 잊는다

북쪽 마을에서는 태양이
남쪽 바다에서는 폭풍우가
풀과 나무를 삼켜도
또 자라 무성해진다

여기서 살아남기 위해 나는 한 번 더 너를 잊는다

네가 산 마지막 그 여름 같은
여름이 오고 또 와서
풀이 자라고 나무가 큰다
삶과 죽음이라는 어려운 말은 생각지도 않는다는 듯이
어딘가 더 먼 곳으로 가 닿을 듯이

나무속의 뼈가 자라고
풀속의 핏줄이 자란다

내가 알고 있던 여름을 기억하기 위해
네가 없는 계절을 피하고 싶은데

어떻게 해서든지
이 여름을 자라야하는
나무와 풀이 무섭게 나를 점령한다

너를 되살릴 수 없어서 얼마나 많은 손톱자국이 났는지
여름이 녹아내린다

꿈속의 봄날

목련이 피려는데
나는
커다란 꽃잎을 닫아주고 있다

신전보다 더 무거운 꽃 한 송이

빗방울이 닿아도 숨결이 스쳐도
열리지 말라고
하얀 꽃잎을 자꾸 오므려준다

떠나는 것이 얼마나 순간인지
꽃 피면 알 수밖에 없으니까

무엇도 한 영혼의 자리를 대신 할 순 없으니까

피지 마, 피지 마

한 장 한 장 꽃잎을 닫아준다
마지막으로 네 눈을 감기듯

나를 쓰다

어둠 그건
태어나기도 전에 내 몸을 통과한 것
내가 어떤 사람인지 설명하려면 제일 먼저 만들어야 하는 것

어쩌면 그건
인간이라는 무게로 쓴 허공 같은 글

당신의 기쁨으로는 해석할 수 없는
그런 어둠 속의 작은 빛

어둠 그건 나의 참호

2년 8개월 30일 밤*

가을에 죽은 사람을 생각하다가
눈을 깜빡이면
눈 속의 모습마저 사라질까 두려운 나날

이런 푸른 하늘 밑에 숨 쉬지 않는다는 것
서 있기로 한 곳에 보이지 않는 것

그런데도 모든 게 다 제자리를 잡고 있는
이 공허함은 얼마나 완전하고 끔찍한가

사랑은 잘 피했지만
슬픔을 피할 힘은 없다던 사람

너무 아름다워서 만져보면
모두가 꿈속인 것들

꿈 깨어
나를 수선하는 것이 하루의 일이 되었으니

---

* 살만 루슈디의 소설 『2년 8개월 28일 밤』에서 빌려옴

눈물에 완벽하게 길들여진
천 일의 밤

네가 주는 슬픔만이 언제까지나 신선할 것이다

그럴 수 있다면

그 가을 하루로 돌아갈 수 있다면
붉은 심장을 다시 붉게 되돌릴 수 있다면[*]
나의 내일을 줄게

나를 포기해도
야생화 한 송이 바닷가 모래밭은 포기하지 않길 바랐는데

먼 얼음의 땅
그렇게 멀리까지 갈 필요가 없었는데

너는 더욱더 동쪽으로 그리고 북쪽으로 가서
이 모든 피곤한 사랑을 마치고
완전한 슬픔이 되었다

무릎을 꿇고 불렀던 네 이름
다시 대답해 준다면

그럴 수 있다면

---
[*] 앤 카슨의 글

정말 그럴 수 있다면
내가 죄인이 될게

늦은 바람 속에는

바람 속에는
이미 한 번 내 곁에 있었던 것들 가득하다

바람 속을 들여다보면
칼날처럼 펼쳐진 것들
빗장이 망가진 기억들
제자리를 잃고 흔들린다

바람이 그러듯
나를 둘러싼 사람들은 황야 같고
나는 비탈 아래로 굴러가는 바퀴 같은데
바람에 날려가지도 않는
마음을 전부 들추어내는 게 무슨 소용일까

바람 속에 두 손을 넣고
홀로 누우면
바람은 지구 위의 한 장소라는 생각,
두 번째 하늘은 없다는 기분,

그 바람이 시작되는 저쪽은 모두 과거인지
가장 늦은 바람 속에는
세상으로 돌려보내지 못한
누군가의 슬픈 얼굴만 온전하다

완경(完經)

 꽃잎을 하나씩 떼어내며 '그 애가 나를 사랑한다, 안한다'라고 사랑 점을 치던 나는 이제 꽃을 다 피워내고 마지막 꽃잎도 떨구었다. 옅은 진달래 빛에서 짙은 동백 빛까지, 꽃 피는 일의 불안이 아주 낮게 내려가면 어둠이 꽃빛처럼 흥건해져서 몸을 떨었는데, 나는 슬픔으로만 물을 준 화분 같아서 야윈 꽃에게 늘 미안했는데, 눈물을 말리기 위한 맹렬한 미움에 꽃향기는 또 얼마나 사나웠을지 상상할 수도 없는데… 그 긴 시간 동안 눈빛은 모래로 바뀌고 모래는 먼지로 바뀌고 먼지는 꽃의 상처를 덮었나 보다.

 떼어 낼 꽃잎이 없어진 날, 나를 사랑한다가 마지막 꽃잎이길 바라던 때처럼 지극하게 빈 꽃대를 어루만진다. 피지 않아도 된다는 말은 더 캄캄한 데를 찾지 않아도 된다는 말 같다. 붉음에도 불구하고 검었던 마음이 안녕을 간직한다는 말 같다. 그래서 아직 꽃밭을 서성이는 그림자를 조용히 데려온다.

옛 골목

그때 얼마나 혼자였는지 잊어버리고
흉터는 어쩔 수 없다고 생각하면서
다시 걸어보는 옛 골목길
내 어린 날에 무상으로 주어진 것들
여전히 기다릴 줄 알았는데
옆집의 석류나무는 베어지고
까치밥을 아끼던 뒷집 감나무도 없어지고
골목 안 튼튼한 풍경이었던 우물도 사라졌다
시간이 하는 일이란
원치 않아도 멀어지는 것이지만
무너진 것들이 마음에서 꽃처럼 만발하는
옛 집의 대문 앞에서
대답 없을 이름 하나를 조용히 부르다가
뒷걸음을 친다
오늘처럼 모든 것이 하염없을 때조차
아름다운 것은 사라질 때도 아름다웠으면 하는
내 희망은 이렇게도 순진하여
그것으로 빛바랜 슬픔을 부순다

늙은 호박 하나

가을볕에 호박씨를 말린다
엄마네 밭 구석에서 늙은 호박 속은 쭉정이가 더 많다

달빛 받은 빗방울
몇 백 살 솔향도
호박 속이 되지 못한 걸 보니
엄마 속에 슬픔보다 넓은 공간이 있나보다

주홍빛으로 순하게 늙은 호박 속이
어둠일 줄이야

잊어버릴 수 없는 것들이 모이면 어둠이 되는 걸까

이 어둠을 설명할 말이 없어
엄마를 보고
엄마를 긋고 간 것들을 떠올려본다

어느 햇살을 고르든
그곳이 가을인 풍경 속에

엄마가 키운 늙은 호박 하나
속을 다 파내고 누워있다

가장 조용한 봄

산 아래 작은 암자
처음 보는 흰 꽃이 지고 있다

시들 것은 시들고
떨어질 것은 떨어지고
그래도 남아 있는 것이 있다면
조금 깊어진 눈빛 같은 걸까

설령 슬픔보다 목소리를 먼저 잃는다 해도
이보다 안온할까

그 옆에서 사랑은 지루한 단어일 뿐

꽃잎이 흔들리면 울고 싶어질 텐데
처음 핀 흰 꽃은
미동도 않고
내 삶의 바깥으로
아름답게 지고 있다

발문(跋文)

피지 마, 부르지 마, 알지 마

김겸(시인)

> 끝없이 억누르시는 당신의 힘,
> 벗어날 길이 없어 사람은 갑니다.
> 얼굴이 파랗게 질려 쫓겨 갑니다.
> ―욥기 14: 20

1

결국 이렇게 되기 위해서 타울타울 살아온 것이라면 우리의 생은 너무도 억울하다. 운명이나 섭리라는 초월적인 것을 전제하지 않는 한, 하루하루 숨을 부지하는 일은 고되다. 사회·경제적인 조건은 괄호치고 인간의 실존 그 자체가 그렇다. 피투니 기투니 이 따위 교과서 같은 얘기는 "살아내는 중인 것은 다 이렇게 아파 보일까"(「야상곡 夜想曲」)라는 시구 앞에 조용히 입을 닫기로 하자.

이운진 시인의 시는 존재론적이다. 그렇지 않은 시가 어디 있냐고 하겠지만, 그의 시는 인간임으로 감당해야 할 실존의 고통이 가장 극적인 방법으로 표상되어 있다.

가령, 북극에 있는 또 다른 나를 찾아가 "풋사과 빛 오로라처럼 너울거리고"(「북극 여행자」, 『타로 카드를 그리는 밤』) 싶은 것은 그 어떤 것으로도 지금-여기의 생을 달랠 수 없기 때문이다. 그 엄동의 공간에서 오로지 피학이라는 극기의 방식을 관통하지 않고서는 생을 긍정하지 못하는 그의 시심은, 이 시집에 더욱 절절하게 새겨진다.

이 시집의 근원 정서는 상실감이다. 누군가는 버리고 누군가는 버림받고, 누군가는 들어오고 누군가는 나가고, 누군가는 견디고 누군가는 포기하고, 누군가는 올라가고 누군가는 내려오고, 누군가는 떠나고 누군가는 남고……. 이 무수한 봉별기(逢別記)는 진자운동과 같이 우리 생에 매겨진 초기값이다. 그러나 무수한 상실 속에서도 "그래도 삶을 사랑한다는 낡은 말"(「유고 시집을 받고」)을 믿어보며 살아가지만 결국은 불귀의 운명이 되는 순간 그 진자는 우뚝 멈춘다.

"눈앞으로 마음 곁으로 왔다가 지는 꽃들"처럼 "사람도 그렇게 다가오고 떠나는"(「상강(霜降)」) 것일진대, 불귀의 순간은 때론 기습처럼 다가와, 남은 자는 그 순간에 시간이 멈춰버린 "생존자가 되"(「그 후」)어 못 다한 생의 슬픔을 홀로 감내해야 한다. 그리하여 그는 "이별로 가고 있는 아픈 시간을 5천 광년쯤 미루"(「푸른 성운에서 보내는 안부」)며 이별의 시간을 영영 지워버리려 한다. 천 년 전 충담사가 "ᄒᆞᄃᆞᆫ 가재 나고 가논 곧 모ᄃᆞ온뎌"라는 시구 뒤에 기다림을 덧붙인 것은 일회적인 차안의 생이 여기서 끝이 아니기 때문이다. 우주적인 시간 속에는 만남도 이별도 없다. 헤어짐이 만남이고 만남이 곧 헤어짐이다. "피고 지고 오고 가는 일 중/ 내가 바로 잡아야할 착각은 없다는 걸"(「저녁 잎사귀처럼 알게 될 때」) 저녁 잎사귀처럼 알게 되는 것처럼, "그 어느 돌을 들어 올려도/ 너 아닌 것이 없"(「돌무지」)는 상실감 속에서도 그는 무던히 견디며 지상의 숙제를 계속해 간다. "밝은 슬픔의 색깔까지만 졸여놓은 포도잼"(「포도잼」)이 "모든 피곤한 사랑을 마치고/ 완전한 슬픔이"(「그럴 수 있다면」)될 때까지 생의 시간을 으깨며 오래오래…….

2
글쎄, 나는 이 와중에 다음의 시구를 이렇게 오독했다. 대번에 다가온 오독이라 차라리 이렇게 읽는 게 맞는 게 아닐까 싶을 정도다.

"오래전부터 내 불행을 빌어 온 사람이 있는가"(「밀물과 썰물 사이에서」)

문제의 핵심은 '빌어'가 '貸' 혹은 '祈'의 의미로도 받아들여질 수 있다는 데 있다. 시 전문의 문맥상 "오래전부터 내 삶을 빌려간 사람만/ 오지도 가지도 않는데"라는 시구는 '빌어'를 貸의 의미로 이해하게 한다. 하지만 나는 이를 오래전부터 누군가 나의 불행을 빌어(祈) 왔다는 의미로 읽었다. 그렇지 않고서야 망각만이 모든 것을 견디게 해 주는 악몽의 시간은 도저히 수긍할 수가 없기 때문이다.

이렇게 저주받은 운명은, 저 구약의 이야기 속 욥과 같이 끝없이 억누르는 신의 힘을 느끼며 파랗게 질린 얼굴로 벗어날 길 없는 길을 가는 것과 같다. 물론 인간적인 시선에서 그의 고난은 형언할 수 없는 고통 그 자체이지만, 욥기 전체의 섭리라는 우주적 시선에서 보면 모두 긍정될 수밖에 없다. 그러나 우리는 대지를 밟고 살지 하늘을 딛고 사는 것이 아니기에 그 원망은 인간적이며, 욥의 충성심을 시험해 보고자 간언한 사탄과 같이 누군가 나의 불행을 빌어 예서 이렇게 시난고난 살고 있는 것이 아닌가 하는 생각마저도 든다. 그러기에 "가진 거라곤/ 햇빛도 봉합하지 못하는/ 이 자유로운 상처뿐인 문장들"(「숯내가 나는 꽃밭」)인 시인의 내면은 온통 캄캄한 어둠이다.

이러한 맥락에서 그의 시는 숨죽인 외줄기 비명(悲鳴)이다. "비명을 지르지 않고/ 나에 대해 어떻게 말하지 // 아침이 밤으로 보이는 내게/ 자정은 얼마나 깊은지"(「검은 자서전」)에서 멈춰버린 나의 눈은, "비를 데리고 너에게 가서/ 가장 큰 빗방울로 떨어지고 싶은 // 서러운 이 밤"(「비를 데리고 너에게 가서」)을 그리며 함께 울고 싶어진다. 천국에서 쓰는 시는 찬양이지 시가 아니다. 시는 오로지 귀향 살이 중인 나그네의 몫이다.

결국 이렇게 되려고 아득바득 살아온 것인가. "나의 열정이 가난과 슬픔이었던 때를 생각"(「상강(霜降)」) 하면 생은 거대한 아이러니의 구조를 갖는다. 그저 순간을 사는 것 뿐이라는 식으로 우리는 스스로를 위로해 볼 수도 있겠다. 그러나 인간이기에 우리는 시간의 연장선 위에서 앞뒤를 의식한다. 그러다보면 초라한 생의 결과나 기습처럼 다가온 절망은, 힘겹게 살아낸 생의 자리를 불싸질러 버리고 싶은 충동을 낳는다.

알 수 없는 미궁으로 빠져버린 생은 오로지 생존을 위한 생존자의 몫으로 남는다. 객쩍은 응원이나 과장된 눈물은 그 생을 더욱 비참케 한다. 나의 이 졸문이 내 운명과 공명한 것이라 해도 그것 이상이 되지는 못할 것이다. 하지만 쓴다. 써야만 한다는 생각에 무엇이 될지 모르는 채로 그저 쓴다. 슬픔의 온전한 마침표를 찍을 때까지, 저 반만 졸인 포도잼을 더 진하게 졸여내기 위해 나를 시험한다.

3

그 마침표의 질감을 느끼기 위해 쓸데없이 장(章)을 나누고 나는 깊은 숨을 몰아쉰다. 생은 멀리서 보면 희극이고 가까이서 보면 비극이라고 했던가. 나는 그런 인식의 원근법을 갖지 못했기에, 생은 멀리서나 가까이서나 비극이라 느껴왔다. 비극의 당사자가 자신의 운명을 희극으로 느낄 수는 없는 것이기에. 파랗게 질린 얼굴의 욥에게 물어보란 말이다.

 피어나려는 목련의 하얀 꽃잎을 자꾸만 오므리며 "피지 마, 피지 마"(「꿈속의 봄날」)라고 말하는 화자의 검은 내면을 두고 나는 진정 무슨 말을 할 수 있을까. 이는 차라리 태어나지 마, 태어나지 마, 라고 말하는 것 같다. 피고 나면 져야 하고, 그 떠남이 얼마나 순간인지 알 수밖에 없으니까 말이다. 그렇게 "무엇도 한 영혼의 자리를 대신할 순 없으니까"(「꿈속의 봄날」), 차라리 차라리…….

 피붙이들 사이에서 벌어지는 불귀의 운명은 순서가 없다. 앞서 말했듯이 한 존재의 부재는 모두를 생존자로 만들어 버리고 그 모두는 상실이라는 고통의 지분을 나누어 가진다. "일생을 바쳐/ 무아(無我)를 얻는 운명도 있으니"(「꽃차」) 생의 독기가 다 빠져나가 물색을 두른 순한 꽃이 되어 마침내 순결하게 온점을 찍으면 얼마나 좋겠는가. 생은 순간순간이 모두 기습이다. 선한 이가 시험을 받고 시련을 당한다. 온 누리에 가득한 공의는 평등하다는 것이 아니라 개별자의 운명에 관심을 두지 않는다는 뜻이다. 이것을 노자는 천지불인이라 하였으니, 이 운명의 가혹함은 "열 걸음이 끝나면/ 날 부르지 마, 날 알지 마"(「열 걸음」)라는 비명으로 이어진다. 그러나 부르지 말며, 알지 말라는 말이 향하는 대상은 이미 강 건너편이 있다. 여기서도 그는 강 저편의 대상을 먼저 생각한다. 그리움은 가혹한 것이니 내 이름도 부르지 말고 차라리 나를 모르는 사람처럼 떠나라고.

4

결국 이렇게 될 거라면 산다는 건 무엇인가. 불행은 랜덤이고 제비뽑기고 그리하여 각자도생인가. "초록을 진정으로 본다면/ 나쁜 사람이 될 순 없을 거"(「초록의 온기」) 같지만, 불안과 죄의식으로 피조물을 지배하되 부재를 통해서만 현존하는 숨은 신이라는 장세니스트의 비극적 세계관과 같이 라신느의 비극은 연일 생중계 중이다.

나그네가 길에서 한시라도 편할 날이 있겠는가. "외로운 이들은 자신의 마음속에서조차/ 어두운 구석에 서 있"(「어둠이라는 이 단어」)는데, "생각해보면 내 심장은 늘 생활에서보다 사람에게 허약했던 것/ 그러니 어떻게 저항이 나올 수 있었겠는가."(「소쇄원에서 쓰는 묵서」) 그리하여 그가 이 지상의 생에서 가질 수 있는 유일한 위로는 쓰기라는 행위를 통해 얻어진다. 하지만 그렇게 쓴 시는 위무의 순간을 보존하지 못한다. 결국 또 다른 쓰기라는 행위로 옮아가야, 나그네가 비를 긋듯 잠시 생의 궂은 날씨를 피해갈 수 있다.

그리하여 죽지도 자라나지도 않는 뱅갈고무나무의 고집처럼 나도 그에게 "너의 슬픔이 옳았다/ 너의 반항이 옳았다"(「너의 반항이 옳다」)라고 눈물 어린 말을 전해 주고 싶다. 이제 "피지 않아도 된다는 말은 더 캄캄한 데를 찾지 않아도 된다는 말"(「완경(完經)」)이니 애써 피우려 하지 말고 그리하여 짙은 어둠을 경험하지 말고, 언제나 홀로 남겨지는 자의 몫을 감당하지 말고, "한 번쯤은 내가 먼저 떠나보고 싶"(「마음 여행자」)은 마음의 여행자가 되길. 시라는 상상력의 날개로.

이제 가장 아픈 장면을 한 자 한 자 옮겨 적으며 나도 눈자위를 훔치려 한다.

"밤이 올 때 우는 사람 하나/ 그 방에 살다 떠났으나 // 우연히라도 돌아와/ 마지막 상처를 찾아가려나 // 다른 사람을 두지 않으려고/ 슬픔이 화분에 온통 남아 있다"(「화분이 있는 방」)

우리는 모두 행려병자가 되어 세상을 떠난다. 얼마나 생의 짐을 감당하기 어려웠으면 밤이 올 때마다 방 안에서 흐느꼈을까. 나는 결코 타인의 고통을 경험할 수 없다. 내 어둠에 비추어 타인을 공감할 뿐이다. 절대적 타자로서의 타인! 그러나 감히 안다. 나도 자주 울고 서럽고 아프기에. 고작 이렇게 되려고 예까지 왔나. 고작 이렇게 된 몸을 이끌고 어디로 가려 하나. 매일 나에게 묻고 또 묻는다.

그러나! "혁명 선언서처럼 힘차게"(「유고 시집을 받고」) 우리는 사랑의 힘을 다시 믿을 수밖에 없다. 아니 믿어야만 한다. 자신을 사랑하는 힘, 타인을 이해하고 포용하는 힘, 나누고 퍼트려 모두가 누리게 하는 힘을 믿어야 한다. 진정한 자유는 나에게서 나오는 것이 아니라 공통적인 것에서 나온다.(안토니오 네그리) 타자를 전제하지 않는 자유란 없기 때문이다.

  생의 시간을 아끼고 우리 곁에 있는 존재들을 이해하며 각자 모두 스스로 그렇게! 그리하여 피지마, 부르지 마, 알지 마, 라는 비명조차도 이 세계의 일부가 되기를. 누군가 그 아픈 소리를 들으면 낮고 깊게 공명할 수 있기를. 저기, 아픈 사람 지나가는구나. 고개 숙여 기도할 수 있기를. 우리 사는 이 비정한 세계 속에서도.

저녁 잎사귀처럼 알게 될 때
ⓒ이운진 2024

초판 1쇄 발행 2024년 4월 30일

지은이 이운진
디자인/편집 HDesign
제작 ㈜공간코퍼레이션
펴낸곳 소월책방
펴낸이 이운진
등록번호 제2022-000063호
주소 06001 서울 강남구 압구정로 151, 126-801
전자우편 sowolbooks@naver.com
ISBN 979-11-980447-3-0 03810

* 책값은 뒤표지에 있습니다.
* 잘못 만든 책은 서점에서 교환해 드립니다.
* 이 도서의 전부 또는 일부 내용을 재사용하려면 반드시 저작권자의 사전 동의를 받아야 합니다.
* 이 도서의 국립중앙도서관 출판예정도서목록(CIP)은 서지정보유통지원시스템 홈페이지(http://seoji.nl.go.kr)와 국가자료공동목록시스템(http://www.nl.go.kr/kolisnet)에서 이용하실 수 있습니다.